T0020785

Je peux faire VINGT

CHRISTINA EARLEY

Un livre de la collection Les racines de Crabtree

CRABTREE
Publishing Company
www.crabtreebooks.com

Soutien de l'école à la maison pour les parents, les gardiens et les enseignants

Ce livre aide les enfants à se développer grâce à la pratique de la lecture. Voici quelques exemples de questions pour aider le lecteur ou la lectrice à développer ses capacités de compréhension. Les suggestions de réponses sont indiquées en rouge.

Avant la lecture

• De quoi ce livre parle-t-il?
  • *Je pense que ce livre parle de faire un ensemble de vingt.*
  • *Je pense que ce livre parle de faire des additions jusqu'à vingt.*

• Qu'est-ce que je veux apprendre sur ce sujet?
  • *Je veux apprendre comment additionner jusqu'à vingt.*
  • *Je veux apprendre différentes façons d'arriver à vingt.*

Pendant la lecture

• Je me demande pourquoi...
  • *Je me demande pourquoi dix et dix font vingt.*
  • *Je me demande pourquoi six et quatorze font vingt.*

• Qu'est-ce que j'ai appris jusqu'à présent?
  • *J'ai appris que sept plus treize égale vingt.*
  • *J'ai appris que huit et douze font vingt.*

Après la lecture

• Nomme quelques détails que tu as retenus.
  • *J'ai appris que dix et dix font vingt.*
  • *J'ai appris que cinq plus quinze égale vingt.*

• Lis le livre à nouveau et cherche les mots de vocabulaire.
  • *Je vois le mot **plus** à la page 6 et le mot **égale** à la page 6.*
    Les autres mots de vocabulaire se trouvent à la page 14.

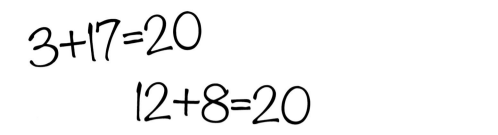

3+17=20

12+8=20

10+10=20

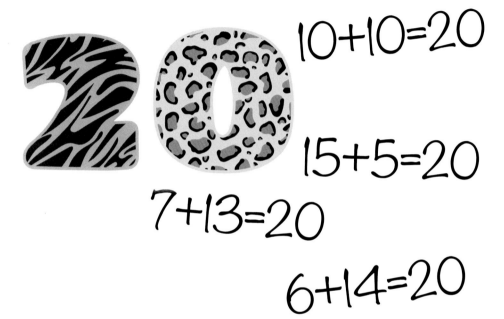

15+5=20

7+13=20

6+14=20

Je peux additionner pour faire le nombre **vingt**.

Dix et dix font vingt.

Cinq **plus** quinze **égale** vingt.

5 +

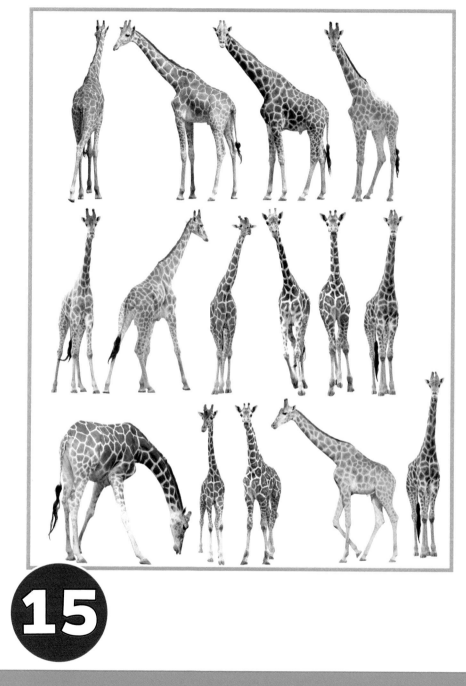

Six et quatorze
font vingt.

Sept plus treize
égale vingt.

Huit et douze
font vingt.

Je peux faire vingt
au **zoo**.

Liste de mots

Mots courants

au	font	peux
dix	huit	pour
et	je	sept
faire	le	six

La boîte à mots

égale

plus

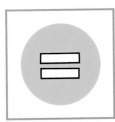

vingt

zoo

39 mots

Je peux additionner pour faire le nombre **vingt**.

Dix et dix font vingt.

Cinq **plus** quinze font vingt.

Six et quatorze font vingt.

Sept plus treize **égale** vingt.

Huit et douze font vingt.

Je peux faire vingt au **zoo**.

JE PEUX FAIRE DES ENSEMBLES

Je peux faire

VINGT

Autrice : Christina Earley

Conception : Rhea Wallace

Développement de la série : James Earley

Correctrice : Janine Deschenes

Conseils pédagogiques : Marie Lemke M.Ed.

Traduction : Annie Evearts

Coordinatrice à l'impression : Katherine Berti

Références photographiques :
Shutterstock : Henk Bentlage : couverture (haut), p. 1 (haut); Vvargas : couverture (bas), p. 1 (bas); Katerina Zmachynska : p. 3; JonesCArtistStudio : p. 5 (haut); LumenDigital : p. 5 (bas); Vaclav Volrab : p. 6; Anna Kaewkhammul : p. 7; anetapics : p. 8; Timothy Yue : p. 9 (haut); Weidman Photography : p. 9 (bas); Passakorn : p. 10 (haut); Yulia Lakeienko : p. 10 (bas); leungchapan : p. 13

Crabtree Publishing Company

www.crabtreebooks.com   1-800-387-7650

Publié aux États-Unis
Crabtree Publishing
347 Fifth Avenue
Suite 1402-145
New York, NY, 10016

Publié au Canada
Crabtree Publishing
616 Welland Ave.
St. Catharines, Ontario
L2M 5V6

Imprimé au Canada/062021/CPC

Catalogage avant publication de Bibliothèque et Archives Canada
Titre: Je peux faire vingt / Christina Earley ; texte français d'Annie Evearts.
Autres titres: I can make twenty. Français. | Je peux faire 20
Noms: Earley, Christina, auteur.
Description: Mention de collection: Je peux faire des ensembles | Les racines de Crabtree | Traduction de : I can make twenty. | Comprend un index.
Identifiants: Canadiana (livre imprimé) 20210257954 | Canadiana (livre numérique) 20210257989 | ISBN 9781039604520 (couverture souple) | ISBN 9781039604582 (HTML) | ISBN 9781039604643 (EPUB) | ISBN 9781039604704 (livre numérique avec narration)
Vedettes-matière: RVM: Addition—Ouvrages pour la jeunesse. | RVM: Mathématiques—Ouvrages pour la jeunesse. | RVMGF: Documents pour la jeunesse.
Classification: LCC QA115 .E27614 2022 | CDD j513.2/11—dc23